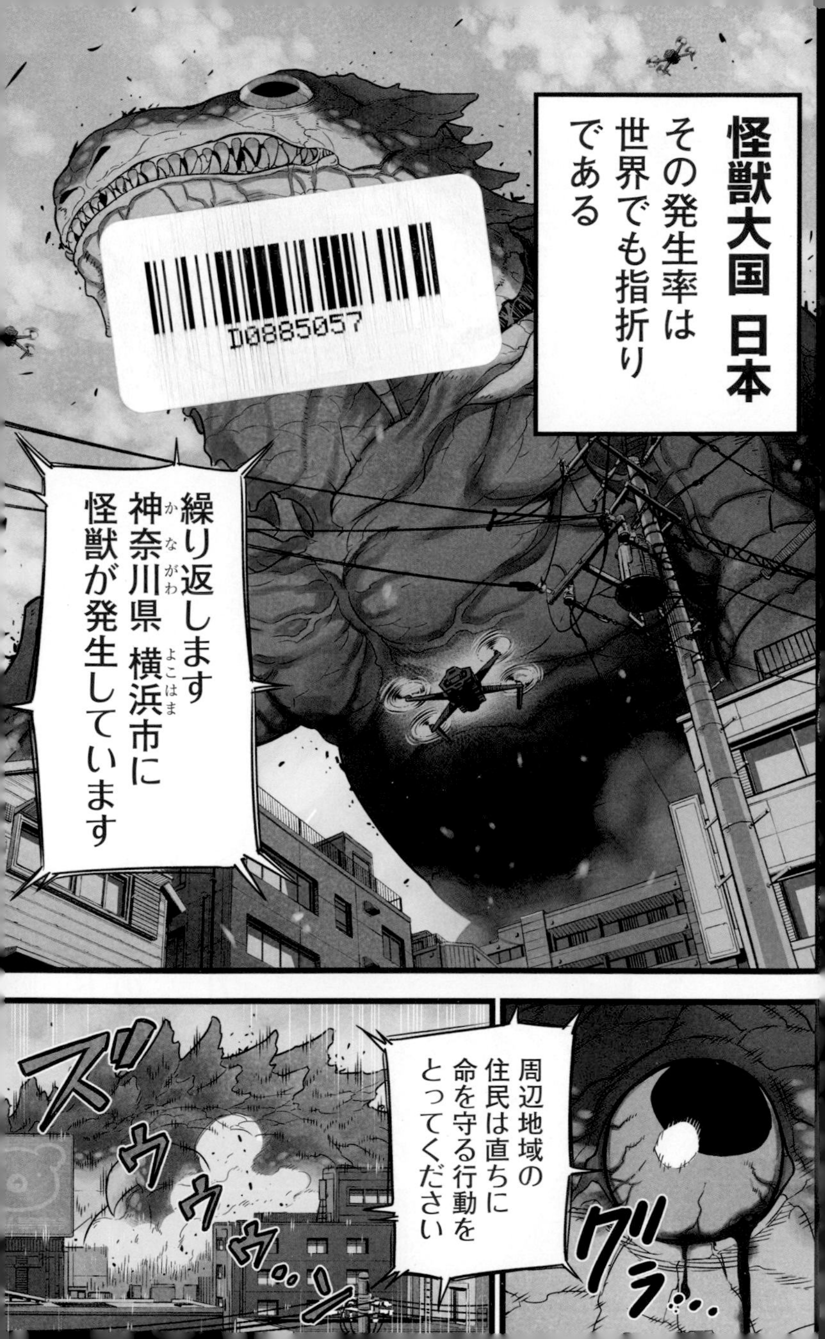
怪獣大国 日本
その発生率は世界でも指折りである
繰り返します 神奈川《かながわ》県 横浜《よこはま》市に怪獣が発生しています
周辺地域の住民は直ちに命を守る行動をとってください
グラ…
ズウゥゥ゛ン

JUMP COMICS+
怪獣8号①
【第1話】
フォルティチュードは6発生波による津波の心配はありません
松本直也

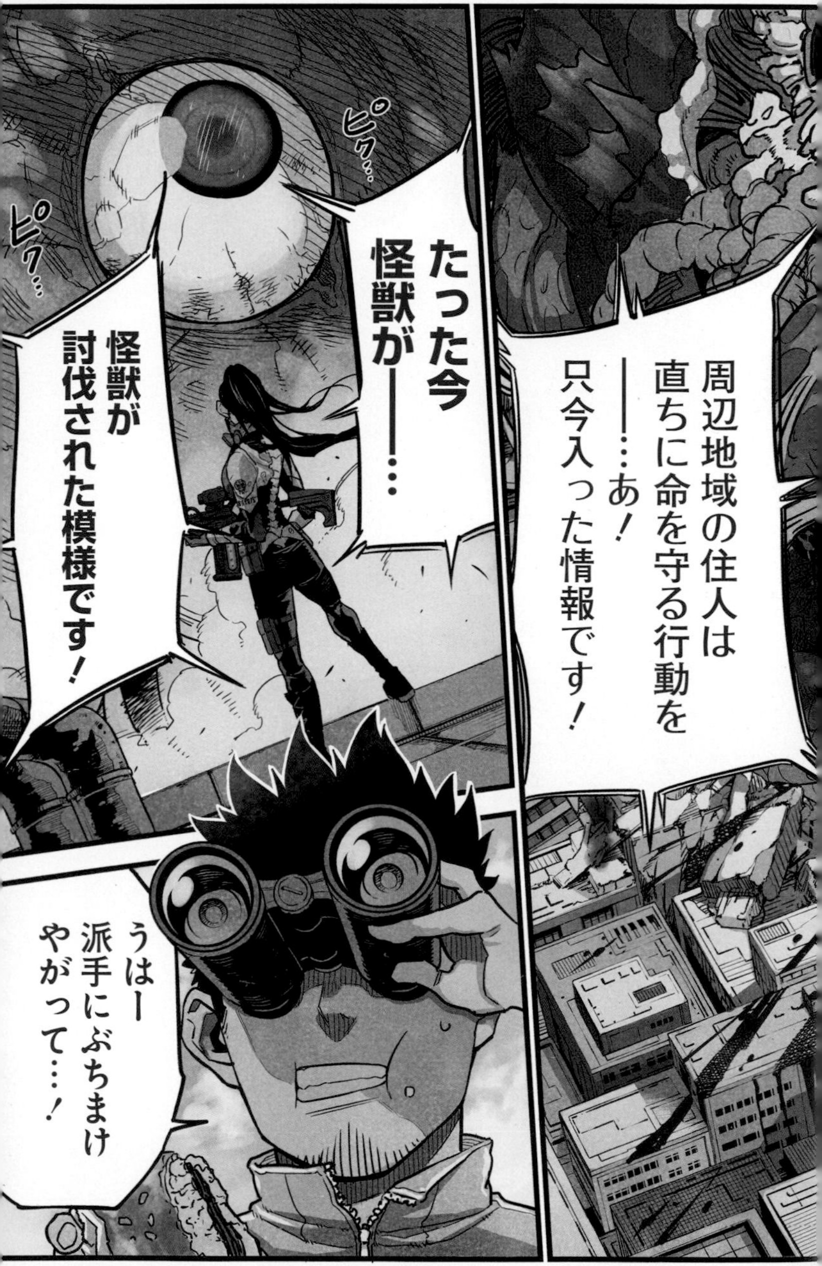
周辺地域の住人は直ちに命を守る行動を——…あ！只今入った情報です！
ピク…
ピク…
たった今怪獣が——…
怪獣が討伐された模様です！
うはー派手にぶちまけやがって…！

怪獣8号 VOL.1

CONTENTS

こりゃしばらく残業だな
よし行くぞ！
へーい

怪獣の討伐に成功した第3部隊の面々が市民に拍手によって送られています
ニナ様
Famiy Mat
討伐庁
えー繰り返します
本日発生した怪獣は討伐されました
被災地のみなさん
ひきつづき
余獣《よじゅう》にご注意ください
——繰り返します……
ビシ
ザザザ

ダメだ！骨が硬くて切れん！
こっちにヒートチェーンソー頼む！
日比野《ひびの》カフカ
32歳
あ！それはまだ吊り下げちゃだめだ！下手に刺激すると——…
ビクッ
ビク…
うわー——!!
大丈夫か!?
全てが終わった後に
人知れず俺たちの戦いは始まる

痛《いて》えー——…!!
ジュ、ウウ……
こっちだ タンカ早く
拍手や感謝の言葉とは無縁な
やっぱ第3部隊の現場は荒れてて あぶねーな
臓器の見分けがつきづらい
ああ
日の当たらない怪獣との戦いである
しっかしこれ…

マジで今週中に終わるのかよ…

TScleaning
TScleaning

カフカ
持場変更だ
こっちで
欠員が出た
どこです？
腸だ
嫌だ――!!
すでに
許可は
取ってある
行くぞ
ご愁傷
様〜

噂には聞きますけど腸作業ってやっぱキツイんすか
腸の中に何があるか考えりゃわかるっしょ
とりあえずあれやった日にゃ……
自主規制
ヴォエェエエ
おい
スーツの中に吐くとえらいことになるぞ
プシャアア
しばらく飯は食えんわな

カシャア
だー
疲れたー！
ボサ
まだ
鼻の奥に
ニオイが
……
うっ…
今日は
第3部隊の
特集です！
！

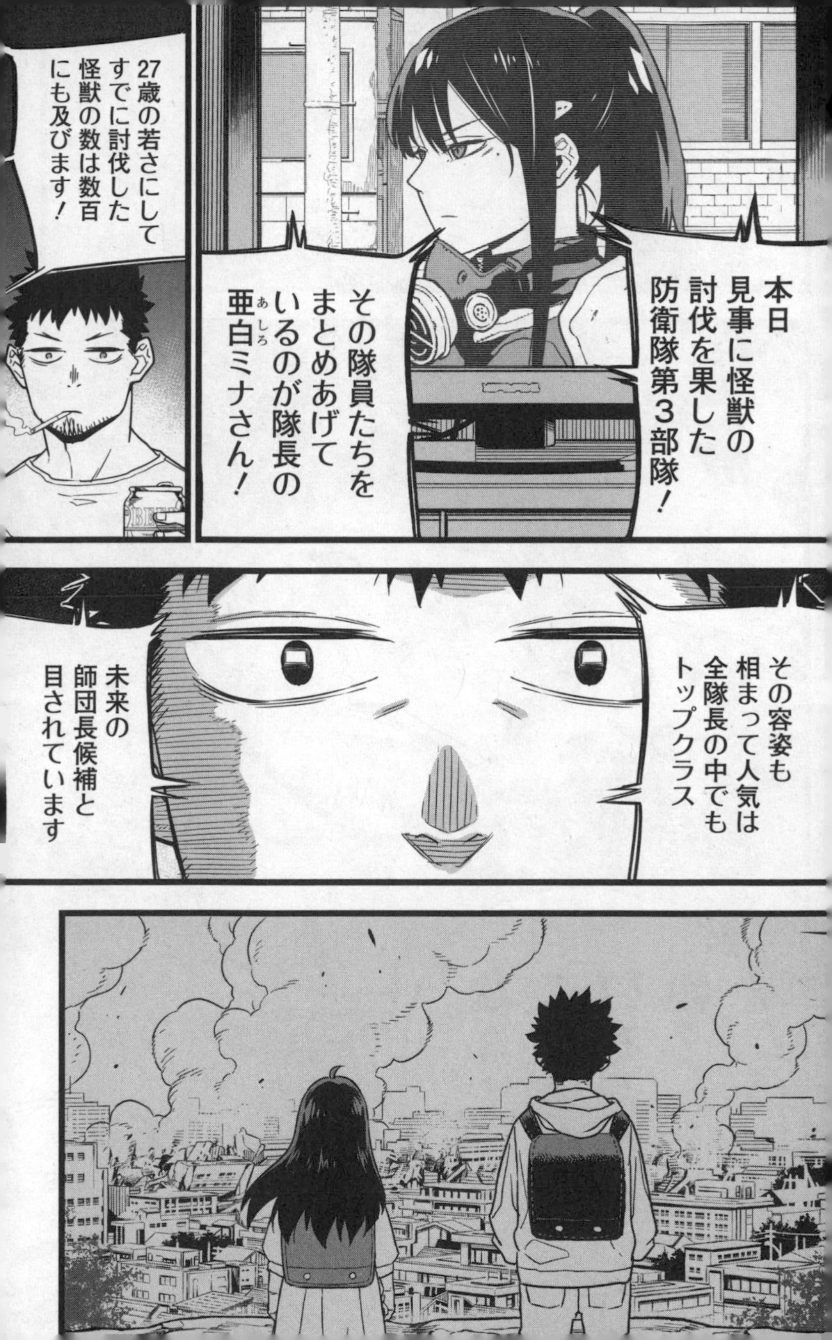
本日
見事に怪獣の討伐を果した防衛隊第3部隊！
その隊員たちをまとめあげているのが隊長の亜白《あしろ》ミナさん！
27歳の若さにしてすでに討伐した怪獣の数は数百にも及びます！
その容姿も相まって人気は全隊長の中でもトップクラス
未来の師団長候補と目されています

二人で
怪獣を全滅させよう——…
なんでこっち側にいるんだろ俺…

はっ
ボフッ
だーー!!
考えるな
俺ッ!!
清掃だって
人の役に立つ
大事な仕事だ
ヒック…
立派な
部屋に住んで
好きなもん
食えてる
それで十分
じゃねぇか
……
Coala BEER

モンスタースイーパー株式会社
怪獣専門清掃業者
モンスタースイーパー(株)
二日酔いで頭いてー…
くそー
あの特集のせいだ…
おはようございまー…
!
来た来た
おいカフカ
こっち来い

今日入ったバイト
防衛隊目指してんだってよ！
市川《いちかわ》 レノ
18歳
こいつも昔目指してたんだよ
もう諦めちまってすっかりココの古参だけど
ばん
ばん
うわー最悪…
徳《とく》さんこの子もリアクション困りますって――…
――…すか？

なんで
諦めちゃったんすか？
オレなりに頑張ってはみたんだけどサ上には上がいるというか…
自分の才能の壁にブチ当たったっての？
お前も年食ったらわかるように——…
わかんねーっス
オレは諦めないんで
死ぬまでわかんねーっス

わかりたくも
ないけど
着替えて
きます
バタン…
ありゃ?
カフカと
気が合うと
思ったのになぁ
ずりーよ…!
そんなん
どう答えたって
俺がみじめに
なるじゃねーか
諦めんのって
そんなに
悪いことですか
……?
よーし
始めるぞー!

徳さんたちは イイダ解体さんと 合同で腕部肉剥ぎ
損傷が少ない 筋繊維は 高槻《たかつき》開発が 契約済み
おう
三池《みついけ》班は 引き続き骨洗浄 原形維持部に限り 出雲《いずも》テックスに
うす
吉村《よしむら》班は 脚部解体 こっちは 全廃棄
はい
新人は 腸だ ついてこい
はい
よっしゃ ザマーミロ オオオオ!!
カフカも 腸だ ついてこい
俺も かーい!!
ぐはっ
二日 連チャン すか!?
君上手い じゃん 腸作業

チクショー
やってやらぁ
あぁぁ!!
なんだかんだ
立ち向かって
いくんだよね
彼
なれてれば・・・・・
プシャーー…
ドドドド
いい隊員に
なったろうなぁ
おかげで僕は助かってるけど
クラ。
ククク…
喰らってる
喰らってる
俺も
だけど
うぷっ

ん？
お前 持ってきたメシ その弁当だけか 食わねーの？
お茶
ちょっと 食えそーに ないっす
だろーな……
！
ぴちっ
やる
食えるもんだけでも 腹に入れとかねーと 午後もたねーぞ

俺はべつに大丈…
あと
ぎゅむ
これもやる
これ着けるとだいぶマシになる
いや…それはマジでいらな…
遠慮ばっかしてねーで着けてみろオラァ!
わあぁぁ
やめ…先輩マジでパワハラっすこれ!!
誰もが通る道よな
ははは
おつかれー
お疲れっすー

お先〜
おー
お疲れさーん！
じゃーなー
まぁ
一番
クッセェ過程は
終わったかな
先輩
市川
おつかれ
なんだ
昼の仕返しに
きやがったか

おかげで初日のりきれましたありがとうございました
――…おう
それだけっスそれじゃ
あそれから

33歳未満に引き上げられますよ防衛隊の募集
少子化のあおりだとか
べつに他人の人生ですし勝手ですけど
諦めた話してる時すげーさみしそうな顔してたから

いや マジでどーでも いいんで
俺の勘違いなら エンリョなく 諦めてくれて いーんすけど
じゃ！
市川——…
ありがとな
お前 思ってたより 全然いい奴 だな
だから そんなんじゃ ないって——…

モンスタースイーパー
先パ——…
ドザザァァ

余獣!?
ヨロ…
ザッ
ばくん
市川走れ!全力でここを離れろ!!
安全確保したら通報たのむ!

けど先輩一人じゃ……！
二人でもどうにもならん!!
隊員になるんだろォが!!
ここで死んでどうする!!
ダッ…

カラン…
ああ…
こりゃマジで
どうにもならんな…

くそ…
なんでこうなった
壊れちまったな ミナん家も ウチもガッコも
うん
怪獣 ゆるさん
グラモン もうちょいで 全クリ だったのに!!
悲しむとこ そこ?

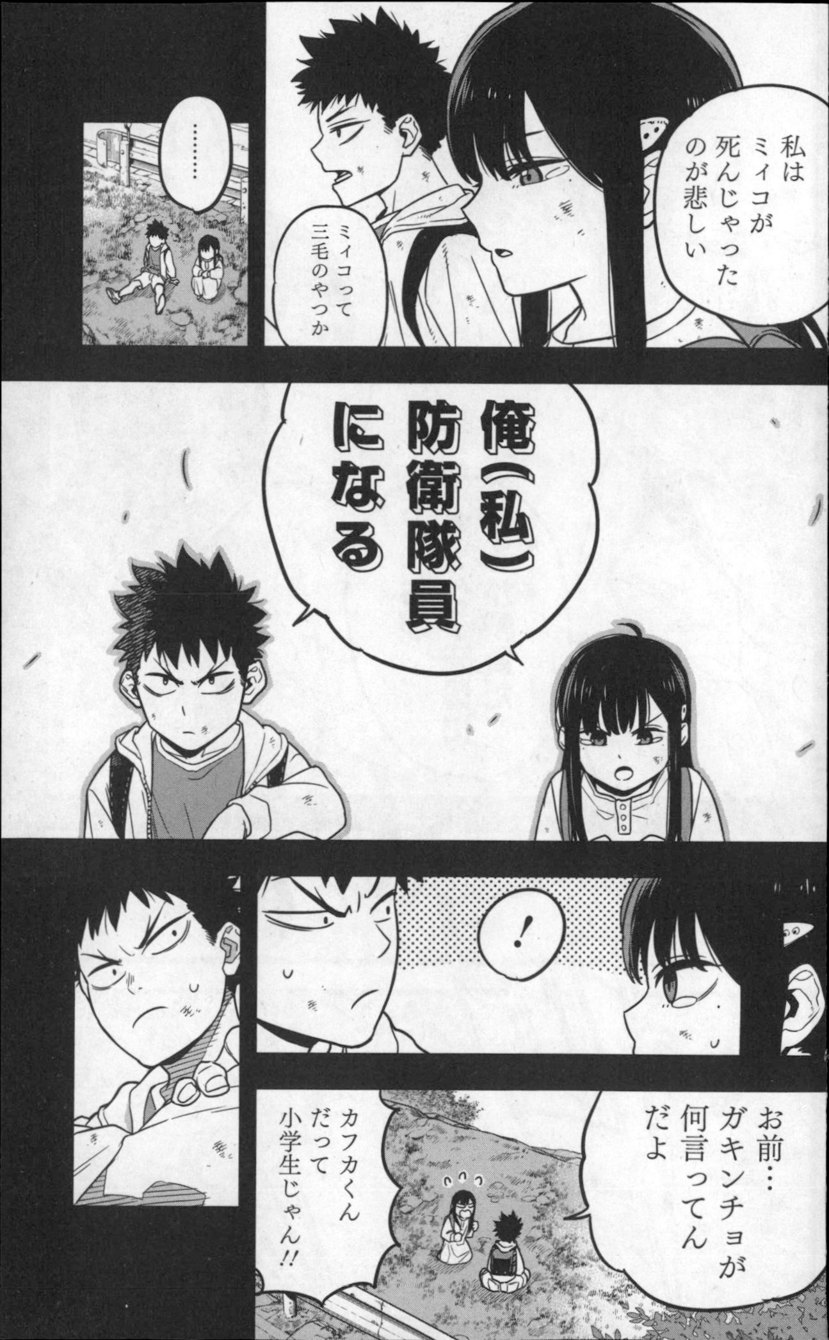
私はミィコが死んじゃったのが悲しい
ミィコって三毛のやつか
……
俺（私）防衛隊員になる
！
お前…ガキンチョが何言ってんだよ
カフカくんだって小学生じゃん!!

じゃあ
どっちがカッケー隊員になるか勝負だ
二人で
怪獣を全滅させよう

パラ…
こんな筈《はず》じゃなかったんだけどな…
ボタ…
ボタ
ガオッ

わあぁああああぁ!!
市川…!
バカ
なんで…
通報はしました!
そういうことじゃね――…
ここで先輩置いて逃げ出すようじゃ
きっと俺は隊員になんてなれない!!

くそ…！
今回は残念ながら
不合格　とします
防衛隊長官
四ノ宮　功
くそ…
くそ…!!
俺はなんて無力なんだ…!!
何も変わってねぇ……!!
自分のゲーム機も友達の猫も
後輩一人も守れない
クソオオオ
オォオ!!…

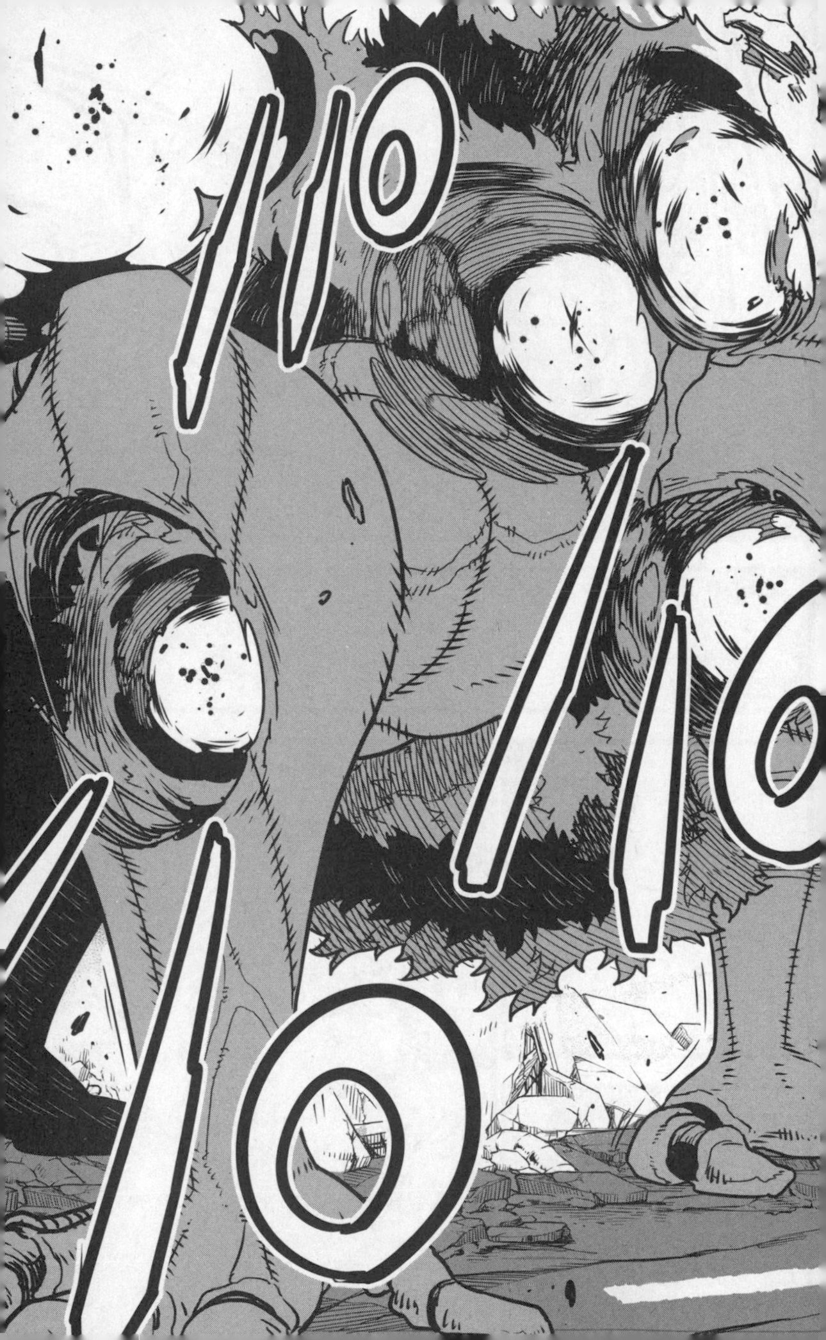

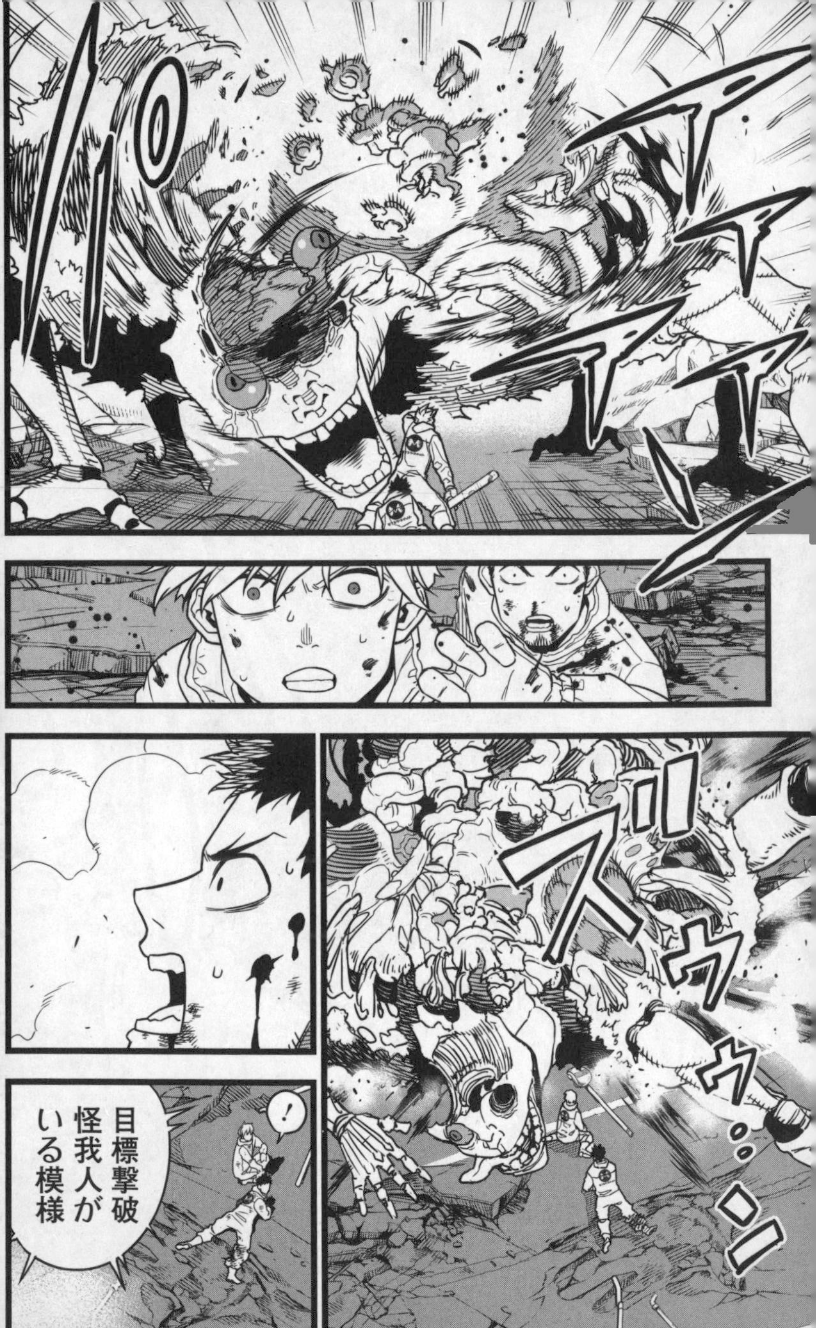
パァァァァン
ズゥゥ…ン
!
目標撃破
怪我人がいる模様

日本防衛隊
ひき続き救護に移る
第3部隊

隊長
亜白ミナ
プシュウ…
五十嵐《いがらし》 宝木《たからぎ》 怪我人を頼む
ほかは私に続け
スッ
ザ
まだ余獣がいないか捜索する

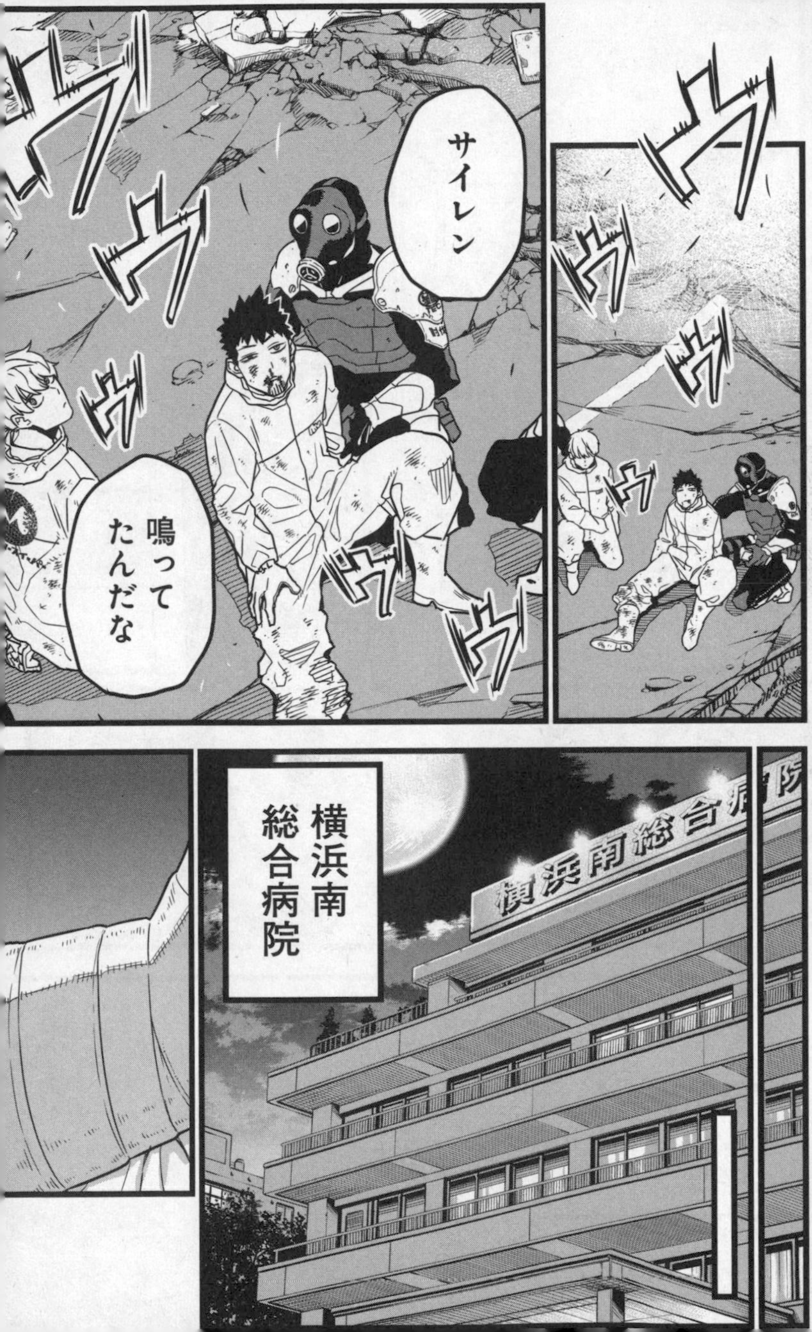
サイレン
鳴ってたんだな
横浜南総合病院
横浜南総合病院

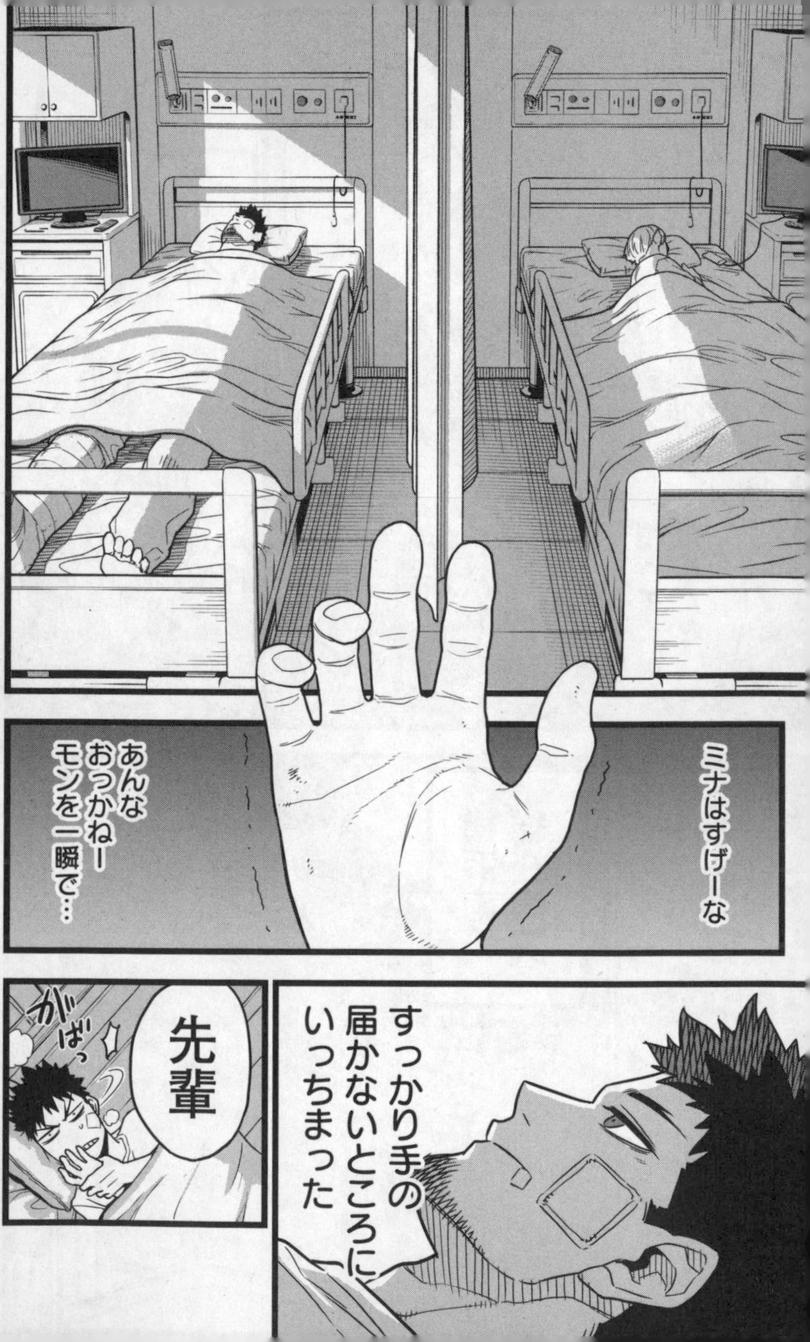
ミナはすげーな
あんなおっかねーモンを一瞬で…
すっかり手の届かないところにいっちまった
がばっ
先輩

先輩が助けてくれなかったら俺は今日死んでました
すげーカッコよかったっす
どっちがカッケー隊員になるか勝負だ!!

やっぱなるべきっすよ防衛隊員
ま
先輩の勝手だし俺はどっちでもいいんすけど——…
ゴス
!?
だよな

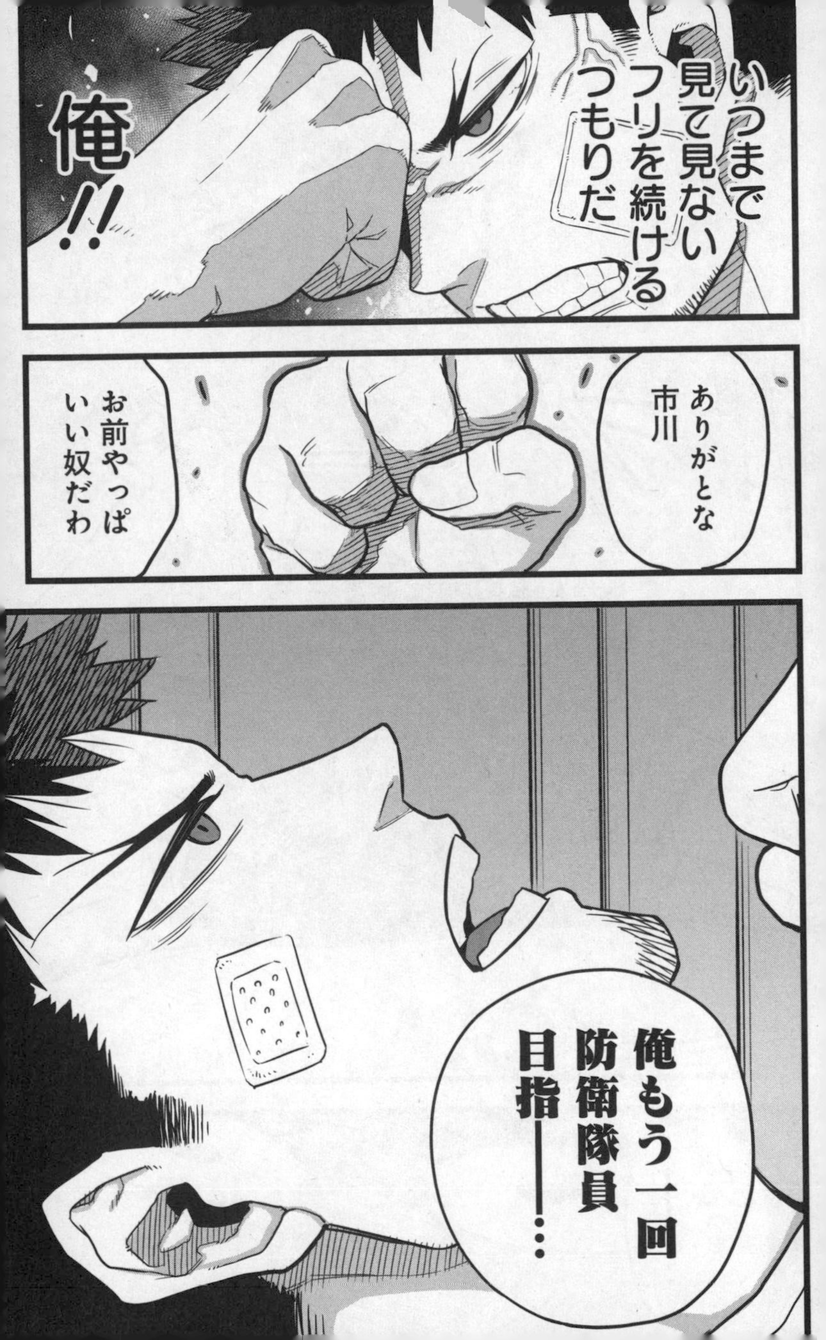
いつまで見て見ないフリを続けるつもりだ
俺!!
ありがとな市川
お前やっぱいい奴だわ
俺もう一回防衛隊員目指――…

ブーン
――…
え？

ミツケタ
怪…
ガタ…
ガタ…
ガポ
先輩？傷が痛むんですか——…
シャ…

え…？
え…？

ええええええええええええええ——!?
市川 オレオレ!オレだって!
ドン引きやめて!
うわあぁあぁ
!
スチャッ

怪獣8号 エピソード1

怪獣になった男

【第2話】

少し怖いな
何が？
自分の何倍もある怪獣と戦うの想像したら
ポーン
！
大丈夫だ

そん時ゃいつだって俺が隣にいる!!
うそつき…

ヴヴ…
！
はい
いえ 問題ありません
すぐに隊員を出動し…
殺処理します
ど…
横浜南
総合病院

どうなってんだこりゃ——!!
うわぁああ
待て市川オレオレ!!
よーく見てきっとどこかに面影が!
いや!ただただ怖いっす

カタン…
!
そうだ
誤解を解かないと
先輩
笑顔!
笑顔…
笑顔な!
にこっ
あ
これ絶対
ダメなやつだ
パターン
やっぱり!!
スッ…
おい
じいさん
大丈夫か
——…

パパン
パン
ガシャアー
ええええええええええ!!
俺がやったの!? これじゃマジで 怪獣じゃん!!
もう隊員が きます! 逃げましょう!

何？なんの音？
サイレン鳴ってるし
え あれ怪獣？
それより このままじゃ さらに病院に 迷惑かけちまう
窓から行こう！

ほらね!!
どうなってんだこの体!!
ばっ

横浜市に小型の怪獣が発生しました
シェルターに避難するか家の戸締まりをし命を守る行動を取ってください
怪獣警報
怪獣警
速やかに
シェルタ
自宅に
備えて
キンコン
キンコン
このアラームうるせーんだよなー音変えろよ国！
早く！
繰り返します横浜市に小型の怪獣が――…
！怪獣警報
電気消して
ハァ…
ハァ…
念のため確認しますけど本当に先輩なんですよね!?

自分でもわからんくなってきた!!
ドドドドド
うわあああ!!なんすかソレ何モード!?
あ゛ー…
むしろ俺が知りたい!!
!?
ズズ…

グエッ
ベキムシャ
グッシャ
見て市川!! オレ生きたまま鳥食ってる!!
ぎゃあぁあ
キッモ!! めっちゃキモイっす先輩!!
ギュルルルルル
あ 戻った
戻り方もキモッ!
市川大変!!
今度はなんです!?

すっげー
おしっこしたい
今!?
我慢してください!!
いや
この体する気だ!!
オレにはどうにもできん!!
えええ!?
嫌だ嫌だ!!
人として大人として
公道でおしっこしたくない!!
けど一体
どこから!?
・・ソレらしきモノはないけど…
ひゅ—……

ズザザァアア
ああっ 先輩！
もう お嫁にいけない!! ここで死ぬッ!!
いや お嫁には 元から行かない から大丈夫!!
ほら 行きますよ！

けどさ 市川
俺これから どうなっちゃう のかな?
防衛隊員 なれそう?
無理無理 無理無理
どう見ても 討伐 される側 即殺処分す
だよなー——!!
クソ! もう一回あいつ 追いかけるって 決めたのに
こんな体で どうやって——…

あれ？
もしかして
——……、
もう俺が
隊員に
なることって
ないのか
規制線……！
よし！
この中に
入ってしまえば
あとは無人です！
立入禁止
キイイ

立入禁止
通行止
怪獣処理につき
通行止
ご協力ください
!
ピタ…
先輩!?
しっ
何か来る……!!
隊員!?
いや
地下からだ
これは——…

怪獣!!
ドオオオン
!
昨日俺たちを襲ったのと同種だな
そんなことがわかるんですか!?
けどこれで先輩に割かれる隊員の数が減る
身を隠すチャンスです

幸い先輩の件で住民の避難はすでに進んでます
被害者がいないことを祈りましょう！
ダッ
ママ！
ママ！

スン…スン…
ママ！
ママ!!
逃げ…て
早く……
嫌だよ
ママ…！
お願い…
だから
逃げ…
私は…
いいから
……
ニチャ。。

逃げ…て
嫌ー！ママといる!!
お…願い
お願い……
お願い……
お願い……！
お願い
嫌アアアア
お願い！
お願い!!

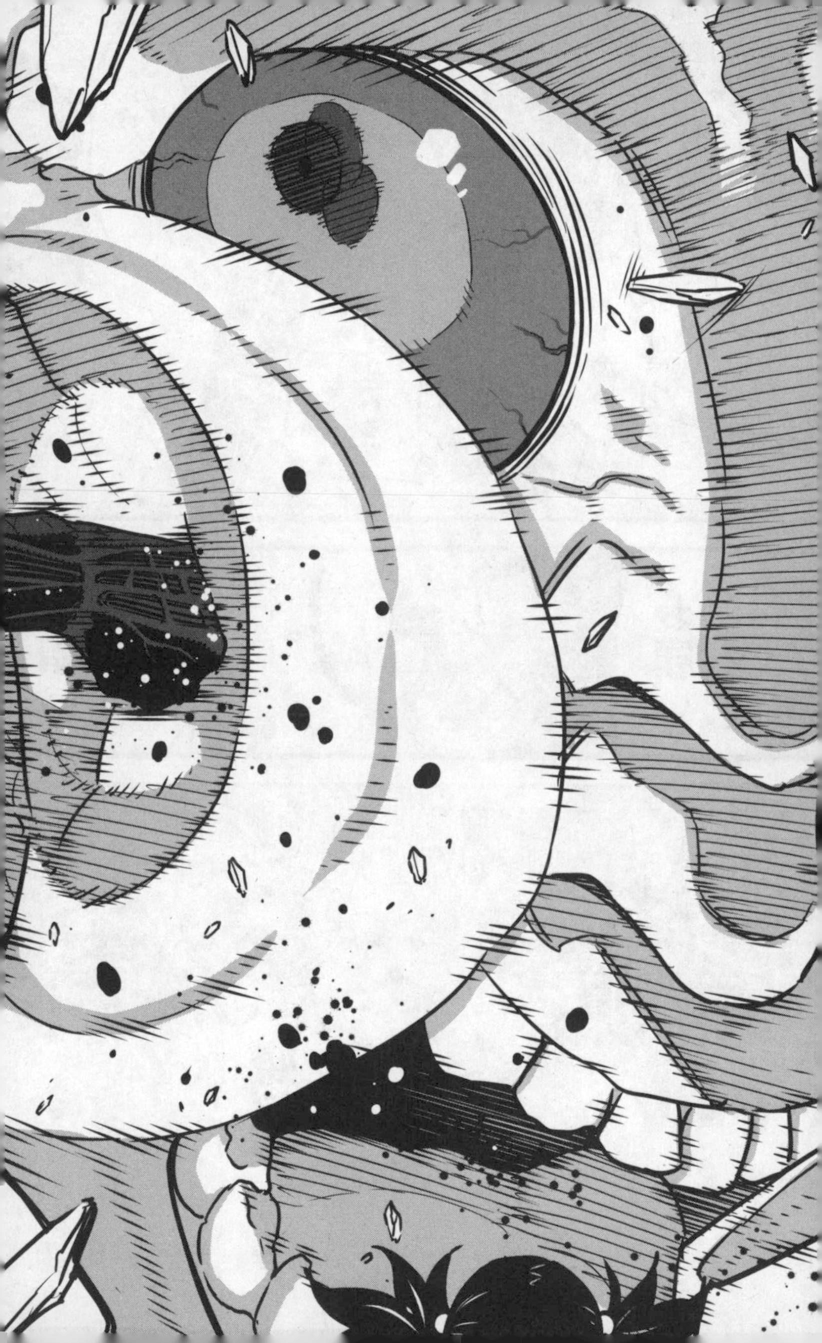

す…
すっげー威力

大丈夫？
ひっ
ひぐ…
だよな ゴメンゴメン
えーっと
笑顔～
イ゛ヤ゛ァァ
あっ 悪かった！ すぐいなくなるから 泣かないで!!
ガラ…
！
市川 二人を頼む
どうするんです!?

ちょっと
本気で殴ってみる
離れよう！
1・2の――…
さん！

バシャアーン
びくっ
ドバシャ
バシャ

……!!
ドシャ
こ
これは…
ポッ
ポッ…

ぜったい人に向けちゃダメなやつですね

よし
もう大丈夫
お母さんを病院に――…
びくっ
――…

いいかい
ス…
そのお兄ちゃんが安全な所に連れてってくれる
俺はすぐにいなくなるから安心して
ザザ…
か…怪獣さん

ありがとう
少し怖いな
――…
そんときゃ
いつだって
俺が隣にいる！
だって！
カフカくん
漫画の
読みすぎ！
くっさー！
あははは
てめー！
ぜってー
かーちゃんと
おばさんに
話すなよ!!

あの二人すぐママ友に喋るから――…
ありがとう
たしかに二人なら怖くないね
行こう！

そうだ
行かなきゃ
先輩！もう隊員がきます！病院は俺に任せて早く身を隠してください!!
……先輩？
市川 俺やっぱ諦めない

アイツの隣に行かなきゃなんねぇ

【第3話】

怪獣8号
目撃者の証言を元に作られたイメージ
この個体は防衛隊がコードネームを付けた8体目の怪獣となりました
この怪獣は依然として行方をくらませており
―…
お茶

まだ見つかんねーのかコイツ
なー
もう死んでんじゃね？
すっかり大ごとになってしまった
あれから3か月
先輩は防衛隊発足以来初の未討伐事件となり
日本中の防衛隊員に追われる身となった
アイツの隣に行かなきゃなんねぇ

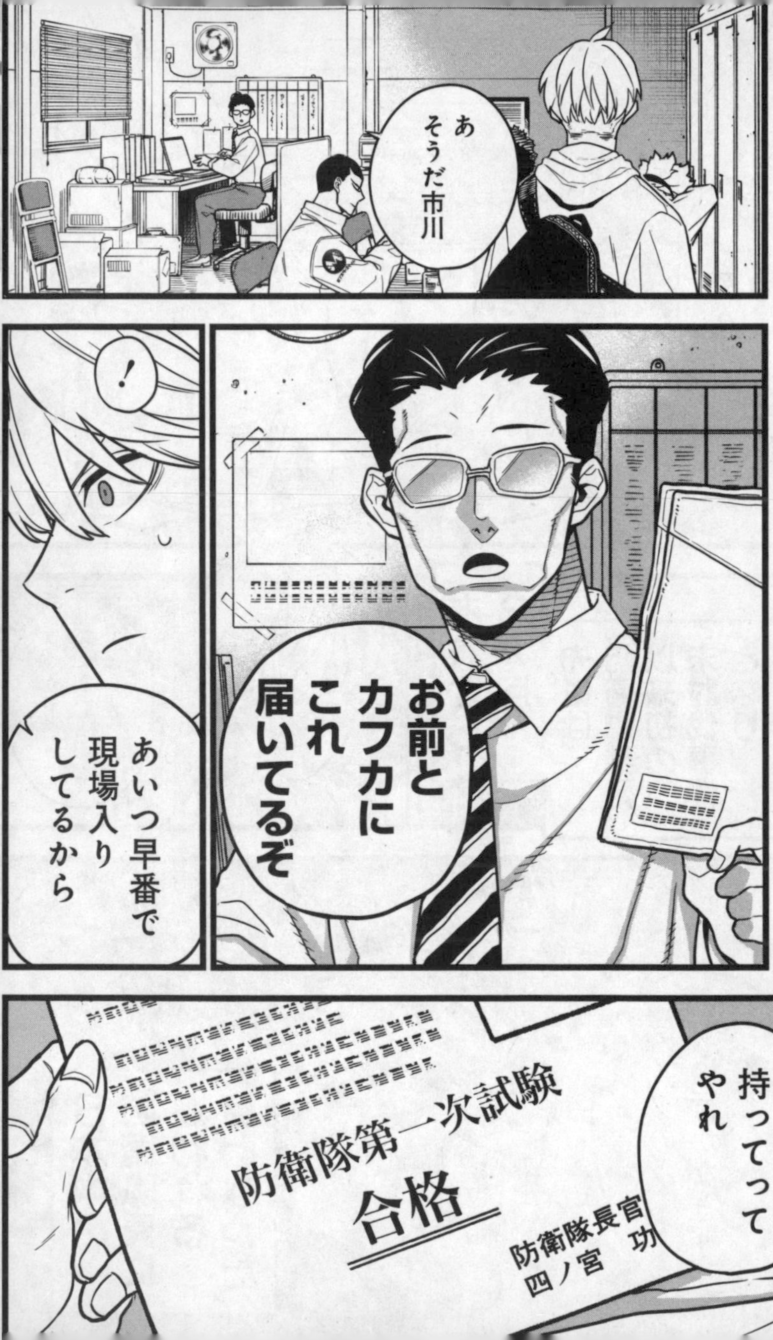
あ
そうだ市川
お前とカフカにこれ届いてるぞ
！
あいつ早番で現場入りしてるから
持ってってやれ
防衛隊第一次試験
合格
防衛隊長官
四ノ宮　功

ハァ…ハァ…
先輩……!!
通りました!!
一次試験!!
廃棄
納品
納品

マジで？

――ってなんで丸出しなんだよ!!
ぐはっ!!
えちょっと朝から激しくない？
顔顔!!あんた状況わかってんのか!?
やべっいまだに気づかないうちに出ちゃうんだよなー
これでよし!
戻ってねーよ!!

今もそこでニュース見ました‼
もっと自覚もってください‼
わかったわかった悪かったよ
俺と先輩は
病室の患者だ！
大丈夫ですか⁉
驚いて避難していた事になっている
ハァ…
はいこれ先輩の分
いやーよかったよかった
もっと喜ぶと思ってました
いつも俺が落ちるのは二次だから
なんでドヤ顔？
──でどうするんです？

ホントにそんな体で続き受ける気ですか？
大丈夫！上手〜く隠すから
説得力ねえ！
書類と筆記の一次と違って二次試験は隊員だらけのはずです
バレたら即殺処理ってことも
それでも
受ける

あれから3ヵ月いろいろ調べてみたけど元に戻る方法は見つからねぇし
32歳の俺にとって今回の試験は
事実上のラストチャンスだ
日本防衛隊
隊員募集
戸塚建設
わかりました
けどもし先輩に何かあっても俺は先にいきますよ

やるからにはライバルなんで
ぐっ…
ぐっ…
フタ堅《かて》え!!
前言撤回やっぱダメ!!

待って！大丈夫だから！本番では上手く隠すから!!
マジでどうなっても助けませんから!!
プハーッ
よかったぁ
ごろん
俺だけ落ちてたら先輩として立つ瀬無さすぎたぜ
ぱん
よしっ
リベンジマッチだ

10日後
防衛隊員選別試験二次
西東京《とうきょう》会場
バムッ
ガチャ
ピッ
すげー

これが防衛隊立川《たちかわ》基地！
社会科見学で行った熊谷《くまがや》基地よりずっと大きい……！
ここは陸自の駐屯地と併設だからな
有事の時には連携して隊員を西東京中に派遣してるんだ
それだけに――……

隊員が多いな
こんな所で変身したらひとたまりもありませんね
ビビっててもしゃーねぇ行きますか
ねぇおじさん
受付はどこかな〜
先輩
ふんふん
おじさんってば

そう あんたよ おじさん
さっさと 気づきなさいよ ウスノロ
おじさん？
え…俺？
この子も受験者か
は？
は？

おじさんじゃないですう!!まだ32ですう――!!
おじさんじゃん
そうなの!?
そうなの?
まあそうですね
あのオンボロアンタのでしょ邪魔よ
私の車が停められないから
どけなさい
がら〜ん…
……

めちゃめちゃ空いとるやんけ!!
そこに停めたいの
今日の私のラッキーナンバー「5」だから
55
ルぁッキーナンヴぁーだとォオ!?
わなわな…
なんじゃこの高飛車小娘…!!
ちょっと来い!! お兄さんが礼儀ってヤツを教えて——…
はぁ…
もういいわ自分でどける
シュル…
え？

ハラ
ちょ!!
急に何――…
カチッ
キュウウウ…
あのスーツは――…!!
ミチ…
ミチ…
ギギ…

モンスタースイーパー(株)
パラ
パラ…
55

ええーっ!?
モノスター・スイーパー(株)
ドッ
オ
あーっ!!
会社の車をッ!!
き君は一体……
!
受験番号2016番

四《し》ノ《の》宮《みや》キコル

趣味は怪獣殺し覚えときなさい！
四ノ宮ーー…!?
それよりおじさんあんた
クンッ…
なんか怪獣くさくない？

日比野カフカ

KAFUKA HIBINO

誕生日

8月5日

身長

181cm

好きなもの

防衛隊、カレー、ハンバーグ、お酒、タバコ（防衛隊を再び目指し始めてからは控えている）

コメント

こいつが来てくれたらもう大丈夫！って思える主人公が好きなので、カフカもそんな主人公になっていってくれたらいいなと思ってます。

【第4話】
おじさんなんか
怪獣くさくない？
お 俺たちは怪獣処理の仕事してるから！
処理業者がなんでこんなトコに――…
ギギギ…
ズウウウ・・・ン
よっと
なっ――…！

ま
まさか
あいつもプライベートスーツを!?
受験番号2032
日比野カフカだ
覚えとけ
おじょーちゃん!!
ってやってる間に駐車場取られたー!!
スイー
キッ
有能執事め!!
ふーん
ただの通過儀礼のつもりで来たけど
少しは楽しめそうじゃない
!!

ぽん
吠え面かかせてやるわ！日比野カフカ!!
行くわよ瀬羽須《せばす》！
はっ
だん！
びくぅ!!
さっそく力使ったな？
ヒッ!!
けどホラうまーいこと見えない部分だけの変身ですし…
そーゆー問題じゃない!!

大きな音がしたが何かトラブルか？
びっくぅっ
いえ！なんでもありません!!
次使ったら強制送還ですから
つっつ
しゅん…
防衛隊員選別試験二次西東京会場
後に――…
過去最難関と評されることとなる二次試験が始まろうとしていた
【第4話】

ハア!…
ハアッ
ハア…
あれ?
なんだ
これ
ぜんぜん
ついていけん…!!
ハァ…
ハァ
ハァ…
ハァ…
ゼッ…
トレーニング
だってクセで
続けてるし
毎日、
ハードな仕事
こなしてる
のに…!!
二次
試験は
二部制だ

一部が体力検査
二部が資質検査
ええ 二部は自分ではどうしようもない素質面だし
毎年内容が変わって対策がしづらい
二部が不確定要素なのを考えると――…
確実にこの体力検査で点数を取っておきたい

前は中の下くらいいけたじゃん…
ハア…
ハア…
それなのに…
それなのに…！
これが…
これが——…
ゼェ…
30代の衰えってやつか⁉
……力使えば
全員ゴボー抜きできたりすんのかな

日比野カフカ
体力検査結果――…
225人中
219位
ぺしっ
早かったわね
吠え面かくの

ああああああああ
日比野カフカだ覚えとけおじょーちゃん!!
――ちゃん…
ちゃん…
うわあぁああ!!忘れてッ!!
今すぐ俺の名前なんて忘れてッ!!
ひそ…
まじで使わなかったんすね
怪獣の力
みんな努力して来てんだ
ぱん
ぱん
俺だけそんな力使ったら卑怯だろ

ってカッコつけちゃったけど使っとけばよかったよォォ――!!
ブランクがやべぇよォォ!!
ブランク……
先輩の順位はそれだけが原因じゃないかもしれませんよ
え？
バサ
今回の受験者です
亜白隊長
オモロそうな奴が多いですよ
第3部隊 隊長
亜白 ミナ

まあなたは怪獣倒すことにしか興味ないでしょうけど——…
ふりがな
氏名
日
続けろ仕事しながら聞く
おや珍しい
そうですね注目株として上げていくならまず——…
出雲《いずも》ハルイチ

東京討伐大学首席卒業
今年卒のナンバーワン有望株ですね
体力試験 2位
それから古橋《ふるはし》伊春《イハル》
八王子《はちおうじ》討伐高専首席卒業の実力者
体力試験 3位
陸自の若手ホープ神楽木《かぐらぎ》葵《アオイ》
陸自での約束された将来を蹴っての防衛隊への編入希望者です
それだけじゃない
体力試験 1位

各地の討伐大や高専のジャージが例年より多い
本来なら現場志望でなく幹部候補の道に行くようなエリート達です
道理でレベルたけーと思ったよ!!
そしてその最たる存在が彼女
彼等の目線の先——…
16歳でカリフォルニア討伐大学を飛び級で最年少首席卒業
史上最高の逸材と謳われる少女——…

四ノ宮キコル
ぶっ倒す
さーて彼女相手にどれだけ通用するか
見定めさせてもらおう
どうやら私の偉大さがわかったようね
日比野カフ……

ブッ
お前そんなスゲー奴だったのかー!!
ぐはあっ
お嬢様に触んじゃねー!!
なんだあのおっさん…
四ノ宮の追っかけかな?
2度目の吠え面ね日比野カフカ
!

あと何回かかせてやろうかしら
これより二次試験二部適性試験を行います
オメーの吠え面も拝んでやるからな!!
受験者は第二演習場に集まってください
……
とはいえすでに崖っぷちなんだよなー
まだ希望はありますよ
え?

ここ2年
二部には怪獣の死骸処理が採用されてます
怪獣の知識と協調性を測りつつ倒すだけが怪獣討伐ではないという意識改革の流れもあるみたいです
俺がバイトに解体業を選んだ理由ですね
次に賭けましょう！
ひゃー

でか…!!
防衛隊
第二演習場
僕は今回選別試験の選考委員長を任されとる
第3部隊副隊長の保科《ほしな》や
ピピ
ゴウン..
ゴウン..
二部ではこの演習場で怪獣を――…
ゴウン..
解体――…!!

討伐してもらう
討・・・
伐!!

亜白ミナ

MINA ASHIRO

誕生日

6月17日

身長

169cm

好きなもの

猫(ネコ科の動物全般?)、

甘いもの、
お風呂、スルメ

コメント

ヒロインの一人で
ありつつ、主人公
カフカの目標。
防衛隊のスーツは
ミナのキャラデザと
同時に考えたため
基本的には彼女に
似合うように
デザインされてます。

怪獣を
討伐してもらう
第3部隊副隊長
保科 宗《ソウ》四《シ》郎《ロウ》
解体ちゃうかったんかーい!! 市川さんヨオお!!
あくまでここ2年はって話ですから!
とは言え丸腰ってわけにはいかんから
君らにはこいつを着てもらう
【第5話】

なんだこれ…
カチ
カチ
カチ
カチ
ガチ
ギュギュ。。
身体と一体化するような同化感覚…
身体計測及び形状同化完了
怪獣筋肉繊維正常動作
解放戦力測定します
筋力が数段上がったような実感がある…

これが
防衛隊のスーツ…!!
グッ
グッ
【第5話】
市川レノ
解放戦力
8%
あの
この
解放戦力
というのは？

スーツの力をどれだけ引き出してるかの指標や
つまり俺は8%しか力を引き出せてないってことですか
はっはっは初めてで8%も出せたら上出来やで君
訓練積んだ一般隊員で大体20%くらいやから──…
ピー…ッ
どよ…
おいマジか…！
四ノ宮キコル解放戦力…
46%

おいおい すでに小隊長クラスやんけ
これ入隊前の最高記録じゃない？
出雲ハルイチ 18％
神楽木葵 15％
古橋伊春 14％
10％超なんて年に一人出ればいいほうなのに…！
これマジで過去最高の豊作年かもしれんなぁ
…
あ 凹むことないで 市川クン ぶっちゃけ 現時点で0じゃなければ合格！
はっはっ
そもそも0なんて奴一回も見たことないけど——…
ピーッ

日比野カフカ
解放戦力
0%
え——!?
何アイツ!?
0出たやん!!
ブフォ!
あれ
計測ミスかな…
もう少し
時間ください
今キバってるんで
プル
プル
プル…
いや
ウンコちゃう
から!!
キバっても出んて!
ギャハハハ
なんや
あのおっさん
めっちゃ
おもろいやん
気に
入ったわ
たぶん不合格やけど
真面目に審査
してください

くっそー!!
何かコツがあるはずだ!!
二部終了までに
見つけないと!!
焦れったい男ね
日比野カフカ
駐車場でのカ
早く見せなさいよ
試験終わるわよ
はーい
それじゃ
みんな着れた
ところで
プシィィ…
最終審査
始めよか

防衛隊員選別試験二次
最終審査
開始
TEC
討伐庁

ターゲットは広大な市街地型演習場に配置された本獣と余獣36体
去年八王子で16人の被害者を出した怪獣を後進育成のために生け捕りにしたものだ
ズン
君たちにはそれぞれ1台の自動追尾ドローンが付き行動をこちらでモニターする

こちらの判断で命の危険と察した場合遠隔でスーツのシールドを発動させるけどそれは同時に
失格を意味すると思ってくれ
正直ここから先に命の保証はないそれでも行くという覚悟のある者だけ——…
進め

ヒュ…
パパパ
パパ
キン
キン
俺たちも行くぞ！
しっかりついてこい
市川!!
ズズ…
こっちのセリフです!!

スーツの補助なしだとクソ重いんだよこの装備!!
これはゼロの者の俺にしか分からん!!
ちょっとカッコよく言うな!
けどどうしましょう俺たちにあんな攻撃能力ないですし
あ そうそう言い忘れてたんやけど
最終試験は亜白ミナ隊長にも審査入ってもらってるんで
みんな張りきってアピールするように〜!
市川
あいつが見てる!落ち着け…

審査側がわざわざ俺たち一人一人にドローンを付けてモニターする理由はなんだ？
！
確かに審査の基準が討伐数だけなら数をセンサーでカウントすればいいだけのはず
そう 能力状況に合わせてどう行動するかを見てるんだ
そうなると攻撃能力の低い俺たちが取るべき行動は・・・
ああ
攻撃手《アタッカー》を
サポートしまくるぞ!!

先輩！右交戦中！
よし回り込んで援護する！
こいつは——…
八王子でイイダ解体さんと合同処理した余獣…！
なるほどだから装備品に
こんなモンが配備されてる訳だ
チャキ。
喰らえ!!

ギャアア!!
音響閃光手榴弾《スタングレネード》!?
こいつは退化した目の代わりに聴覚が発達してる！そこを狂わしちまえば後は的だ！
あんたら腹だ!! アイツはほかに比べて腹側の皮膚が薄い!!
腹狙え!!

ナイスアシスト
四ノ宮の
追っかけサン‼
追っかけ
ちゃうわ
ほぉ
やりましたね
先輩！
ああ！
こちとら
数えきれねぇ
怪獣さばいて
きてんだ
怪獣《てめーら》のことは
内臓まで
お見通しだぜ‼

いける……!
怪獣の力を使わなくても!!
今までのポカを帳消しにしてやる!!
次は俺が投げます!この調子でガンガン行きましょ——…
先輩!!

市川レノ

RENO ICHIKAWA

誕生日

4月12日

身長

174cm

好きなもの

音楽、料理、少年漫画

コメント

カフカの相棒。
そしてツッコんだり
どついたりして
カフカと漫才を
してくれる相方。
市川が横にいるときは
カフカがのびのび
動いてくれます。

【第6話】

ド
え…?
別個体──!?
先輩!!
2032番《日比野カフカ》負傷!! 余獣23の追撃続きます!!
遠隔シールド用意

まずい…
遠隔シールド張られちまう……!!
かは…
失格を意味すると思ってくれ
立て…!!
アイツが見てるんだ
これ以上かっこわりーとこ見せられっかよ!!
遠隔シールド起動します
最初の脱落者はやっぱり彼か
オモロい男やったけどしゃーないな…

ドッパァ
!?
え…
3度目の吠え面よ日比野カフカ
私のいる戦場で
ピク

犠牲者《リタイア》なんて出させない
ピク…
キコル！助かっ――…

私が華麗に片付けてくるから
あんたはそこで無様に転がってなさい
ファン
うぐっ
本獣《メイン》を狩る気か
俺が先に討つ‼

!!
な…
ヒュ
よそ見厳禁
ちっ
なんつー威力だ マジで同じ装備かよ!?
解放戦力の違いでこうまで威力に差が出るのか
2032番聞こえるか
管制室の保科や

君のバイタルに異常が出ている
おそらく複数箇所の骨折
場合によっては内臓にも損傷があるかもしれん
審査側としては
君にリタイアを勧め――…
ぐいっ
やらせてくれ

いい歳こいて夢なんて
最後のチャンスなんだ…
サマになんねーのはわかってるけど
今までの人生全てをかけて
……
もう一度追うって決めた…!
今度はぜってー諦めねぇ!!
わははは
どーだまだ立ってるぞ

しゃーないな
ヤバかったら
即遠隔シールドやで
上等！
市川
お前は気にせず
ガンガン先に
行け！
約束したろ
俺になんか
あったら
遠慮なく――……
俺が
フォローします
やれるだけ
やりましょう！
ここで先輩置いて
逃げ出すようじゃ
きっと俺は
隊員になんてなれない!!
市川…
そういう奴だったな
お前は…
そーいう
ことなら
……！

ギャハハハハハハ!!
マジかこいつら!!
行くぞ市川ァァ!! 合体作戦だァ!!
めっちゃ見られてて恥ずかしいんすけど!!
機動力はお前に任せた!! 存分にスーツの力を使え!
アバラすっげー痛てぇけど
攻撃は任せましたよ! 知識をフル活用してください
もう合格でよくない?
お笑い枠で
真面目にやれ
俺に遠慮なく全速でキコル追え!!
急がねーとアイツあっという間に終わらせちまうぞ!!

振り落とされないでくださいよ!!
速っっっや!
追いついたらすぐ援護できるよう準備を!
おう任せとけ——…

……って
スル…
パ
パ
パ
パ
パ

ド‥
……!!
まっったく
ついていけねえ
まさか
この俺が
援護すら
させて
もらえない
とはね

四ノ宮キコル
2016番
最後の余獣を撃破!!
続いて本獣とエンゲージ!!
ラスト

ギイイイイイ
ギャアアア
ガキン…

パパパパ

ッ…

……
本獣撃破
さ…最終審査
終了……!!

ーってマジで
あっという間すぎだあのヤロー!!
ドローン回収します お疲れ様でした
ドサ…
合体解除
ド… ドローン回収と並行して怪我人の保護！
でしたよね保科副隊長
え ああ…

いやー さすがに 早すぎやろ
準備大変 やったのに
噂以上だな 四ノ宮キコルは
さすがに 興味が湧いたか
そうですね 30人程度の リタイアは想定 してたんですが 0のまま 怪我人も最小限
これは明らかに 彼女の存在が もたらした結果 です
さすがは 四ノ宮長官の娘
間違いなく 未来の防衛隊の 要――…

この国の希望の光ですよ
私完璧にやれたわよね
パパ
さ日比野カフカの4回目の吠え面でも拝んで帰ろうかしら
——……

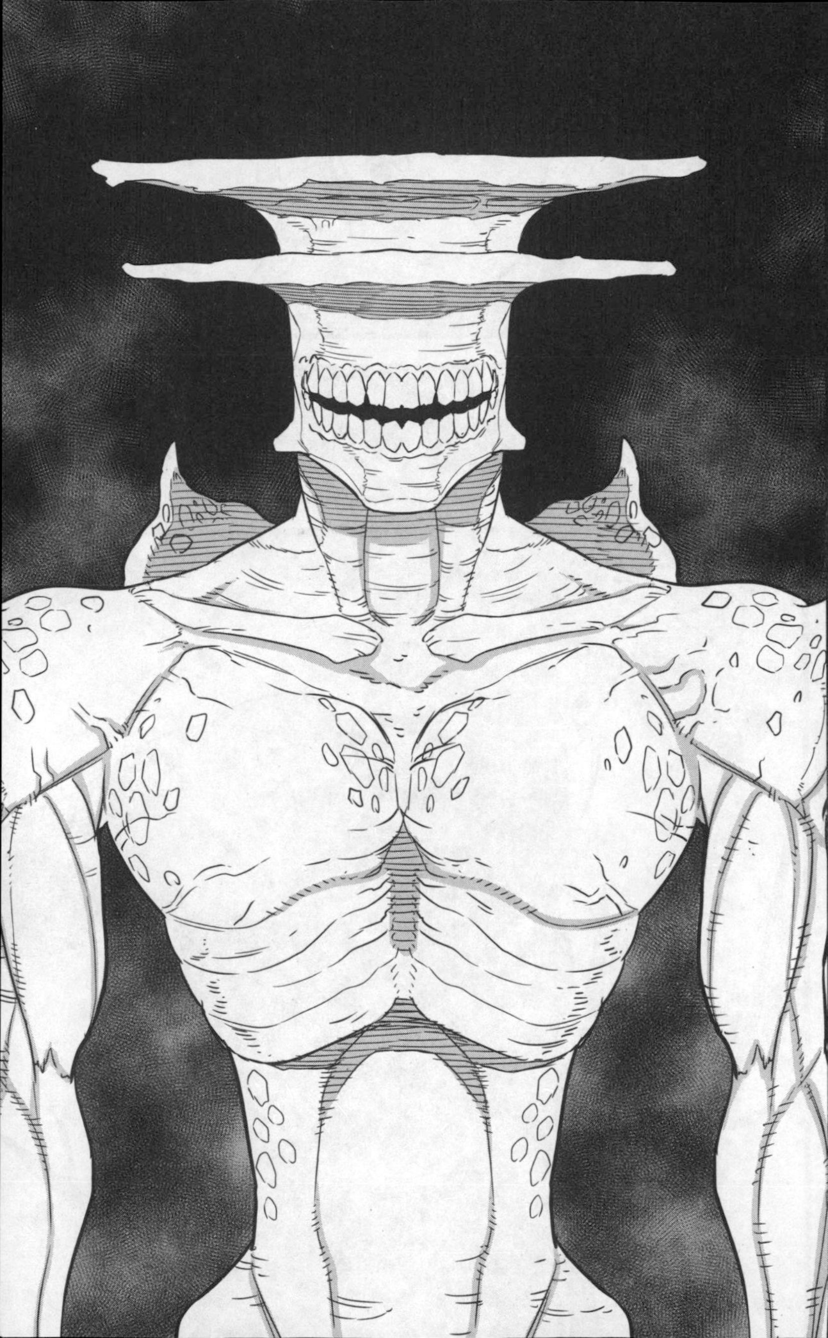

え
何よこいつ
こんなの討伐リストに入ってな――……
TEC
討伐庁

【第7話】
噂に違わぬ
バケモノでしたね
四ノ宮キコル
ああ
結局
吠え面かかされ
っぱなしだったぜ
とはいえ
アイツのおかげで
最後まで失格せず
やり切れた
TEC
討伐庁
あとは
結果を待とう!
そうですね
——…

グジュ…
……!?
グジュル…
なんだこれ…
ボタ
ボタ…
カハッ…
討伐庁

シールドの一点集中でなんとか心臓への到達は免れた…！
まだなんとか戦える―――…
グッグッグッ…
!!
な…何よこれ……
よしよし
あとはお前に任せるから
コイツ言葉を…

ス…
よーく噛んで食べるんだよ

ああああぁあ
フッ…
ビーッ
ビーッ
2016番《四ノ宮キコル》バイタル異常!!
どういうことや何が起きてる!?
演習場内で死んだはずの怪獣たちの反応が…次々と蘇ってる!?
なんやそれ
あの怪獣たちにそんな性質ないはず――…
復活した本獣の推定フォルティチュード出ました!
6.4

強度が上がっとる…!?一個中隊で処理するレベルや
この場にいる人間でそんなもん単騎処理できるいうたら――…
保科
出るぞ
隊長《この人》か
了
僕くらいやな
受験者全員の遠隔シールド発動！回収したドローンを一部戻して状況を映せ！
緊急事態発生緊急事態発生
うわァア
来るなァア

受験者は直ちに最寄りのシェルターに避難せよ
先輩！行きましょう！
なんだよこれ本獣動いてんじゃん…
逃げろォォ
ズン…
グルル…
避難…
避難たってこんなの…
誰かがコイツ足止めしないと
何人も死ぬじゃない

ギギュ…
スーツの怪獣筋肉で
傷口を圧迫止血
まだ動ける
まだ戦える
ググ
ハァ…
ハァ…
私のいる戦場で
犠牲者なんて
出させない
キコル
この国の
未来のため
完璧であれ
私は完璧で
ないといけ
ないのよ!!

負けない……!
キコルちゃん凄い!!
東京討伐中学校入学試験合格者
・四ノ宮キコル
・東条ヒカリ
・常盤リョウタ
・空降コア
・如月結菜
・二階堂陽太
一番上に名前があるよ!
一番だったってことだよね
そう!これは首席合格って言うの――…
リサ合格おめでとう~!よく頑張ったなぁ
ちょっと頭撫でないで!恥ずいじゃん!
欲しがってたお財布買ってやるからな
ほんと!? わーい!

じゃあね
キコルちゃーん
根性
さすが俺の息子だー！よくやった
頑張ったご褒美に焼肉行くぞ
キコル様
今日は旦那さまがお戻りになられます
！
きっとお喜びになられますよ
うん！

首席合格《そんなもの》は
当然だ
一つの成功に囚われると足元をすくわれる
すぐに次の目標に向かえ
いいかキコル

この国の未来のため
完璧であり続けろ
死んだ母親のためにもな
はい
負けない
歩みを止めるな

まだ戦える……！
他の追随を許すな
片腕だって動くならまだ――…
圧倒的な存在になれ
まだ戦える――…

そんな……
グジュ..
グジュ..
本獣のバイタルに変化！切除していた攻撃的ユニ器官が再生…!?
エネルギーが圧縮されてます!!
あかん……!!
間に合うか——…!?

ごめんなさい
パパ
私
完璧でいられなかった
ごめんなさい…

よく頑張ったなキコル!!

え…
なんで あんたが ここに ——…
ドッ オォン
お前が 頑張った おかげで
みんな 避難できたぞ

あとは俺に任せろ
怪獣8号1（完）

怪獣8号
設定紹介

本獣と余獣

メインで発生した怪獣「本獣」に
付随して発生するものを「余獣」と呼ぶ

本獣が作ったルートを使って現れるもの
本獣に寄生していたもの
本獣が創り出したものなど種類は様々

怪獣の「号」

怪獣が特別強大であったり討伐が難航した場合に
討伐庁が呼称するために付けるコードネーム

2021年3月4日(木)発売予定!!

2020年12月現在の情報です。

ジャンプ コミックス

怪獣8号

1

2020年12月9日　第1刷発行
2021年6月6日　第7刷発行

著　者　松本 直也

編　集　株式会社 ホーム社
〒101-0051
東京都千代田区神田神保町3丁目29番地　共同ビル
電話　東京　03(5211)2651

発行人　北畠輝幸

発行所　株式会社 集英社
〒101-8050
東京都千代田区一ツ橋2丁目5番10号
電話　東京
編集部　03(3230)6133
販売部　03(3230)6393(書店専用)
読者係　03(3230)6076
Printed in Japan

製版所　株式会社 コスモグラフィック

印刷所　大日本印刷株式会社

ISBN978-4-08-882525-0 C9979

■初出／少年ジャンプ+ 2020年31号～37号掲載分収録
■編集協力／現代書院
■カバー、表紙デザイン／並木久美子